# ★ Cal Ripken Jr. ★

FOTOGRAFÍA

Bernstein Assoc. Inc.
Jon Soohoo: portada, pág. 2, 3, 6, 9, 10, 13, 14, 17, 18, 21, 22, 25, 26 y 29
Art Foxall: pág. 30

Distribuido a escuelas y bibliotecas en los Estados Unidos por:
ENCYCLOPAEDIA BRITANNICA EDUCATIONAL CORP.
310 S. Michigan Avenue
Chicago, Illinois 60604

Datos para Catálogos y Publicaciones de la Biblioteca del Congreso:
Rambeck, Richard.
Cal Ripken, Jr. / Escrito por Richard Rambeck
p. cm.
Resumen: Biografía de Cal Ripken, Jr., jardinero corto, quien estableció muchos récords en el
béisbol.
ISBN 1-56766-052-5


1. Ripken, Cal, 1960- - Literatura para jóvenes.
2. Béisbol, jugadores de - Estados Unidos - Biografía - Literatura para jóvenes.
[1. Ripken, Cal, 1960- . 2. Béisbol, jugadores de.
I. Título
GV865.R47R36 1993                        91-46590
796.357'092-dc20                              CIP
[B]                                               AC

# Cal Ripken Jr.

Por Richard Rambeck

THE CHILD'S WORLD

**E**l día anterior al Juego de las Superestrellas en 1991, en el Estadio Skydome de Toronto, se llevó a cabo un concurso. Era el concurso de cuadrangulares en el mismo estadio donde al día siguiente se jugaría el Juego de las Superestrellas. Todos los mejores bateadores de la Liga Mayor de Béisbol participaban en el concurso. Cecil Fielder de los Tigres de Detroit. José Canseco de los Atléticos de Oakland. Joe Carter de los Azulejos de Toronto. Howard Johnson de los Metropolitanos de Nueva York. Sin embargo, aquel día, un superbateador sobresalió por encima de todos...Cal Ripken Jr. de los Orioles de Baltimore.

**D**urante su carrera, Ripken siempre había sido un bateador bueno y fuerte. Durante nueve temporadas seguidas, marcó por lo menos veinte cuadrangulares. Pero Cal nunca había logrado más de veintiocho cuadrangulares en un año. Hasta 1991. Ese año, nadie había logrado una racha de bateo mejor que la de Cal Ripken Jr. Cuando Ripken entró al cuadro del bateador durante el concurso, se oía el murmullo de la expectativa entre los espectadores. En aquel momento, Ripken encabezaba la lista de los mejores bateadores de la Liga Nortemericana. También en ese año, Ripken estaba en el mejor momento de su magnífica carrera como bateador. Algo especial iba a ocurrir.

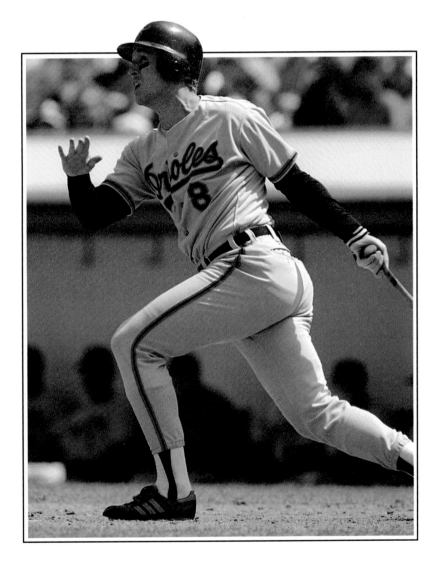

9

**D**urante el concurso, Ripken se enfrentó a veintidós lanzamientos. Marcó cuadrangulares en doce de ellos, ¡DOCE!, que pasaron por encima de la cerca del Skydome. Durante todo el concurso, nadie se aproximó a ese número de cuadrangulares. Más tarde, cuando le preguntaron sobre su hazaña, Ripken sólo se encogió de hombros.

"No sé realmente qué pasó —admitió—. Sólo sé que hoy me sentí fuerte".

El día siguiente también debió sentirse fuerte, puesto que en su primera vez al bate en el Juego de las Superestrellas, Ripken marcó un cuadrangular con las bases llenas que produjo tres carreras. Fue denominado el Jugador Más Valioso del juego y su equipo de la Liga Norteamericana ganó con un marcador de 4-2.

**D**espués del Juego de las Superestrellas, Ripken continuó la buena racha de bateo. Completó la mejor temporada de su carrera de beisbolista, marcando treinta y cuatro cuadrangulares. Empujó 114 carreras y resultó con un promedio de bateo de 323 sobre mil, el sexto mejor de la Liga Norteamericana. Sus cuadrangulares, carreras empujadas y su promedio de bateo de ese año fueron los mejores de su carrera. Al finalizar la temporada de 1991, muchos expertos llamaban a Ripken el mejor jugador de las ligas mayores. Eso era un poco raro porque el año anterior muchos de esos expertos habían catalogado a Ripken como un jugador que ya estaba acabado.

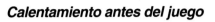

**D**urante la temporada de 1990, Cal Ripken Jr. había bateado un promedio de 250 sobre mil. Fue su peor año. Los aficionados de Baltimore comenzaron a preguntarse si algo malo le estaba ocurriendo a Ripken. ¿Pero qué? Algunas personas decían que quizás estaba cansado. Después de todo, Ripken nunca había faltado a un juego en casi nueve años. Todos los días, juego tras juego, Cal Ripken Jr. jugaba de jardinero corto de primera alineación para el equipo de Baltimore. Había jugado casi 1.500 juegos consecutivos. Solamente el gran Lou Gehrig del equipo de los Yankees de Nueva York había durado más tiempo sin faltar a ningún juego.

**S**in embargo, Ripken no quería descansar. Quería continuar jugando todos los días.

"Siempre juega, y lo continuará haciendo. Nunca oí a Cal decir, 'No me siento muy bien hoy' —dijo el jugador de primera base de Baltimore, Randy Milligan—. Yo digo eso <u>todos</u> los días".

A pesar de todo, a Ripken le preocupaba mejorar su bateo después de la temporada de 1990. Durante la temporada de descanso, Ripken practicó todos los días para mejorar el movimiento de su cuerpo con el bate.

"Ya no estaba haciendo lo que me había dado éxito anteriormente"— explicó Ripken.

El esfuerzo por mejorar produjo cambios casi rotundos. Cambió el modo de pararse frente a la base. La manera de agarrar el bate. Todo.

**A**l comenzar la temporada de 1991, Ripken era un hombre nuevo.

"Este año estoy mejor enfocado —dijo—. Ya no doy lugar a dudas".

Considerando lo bueno que Ripken había sido durante tantos años, parece sorprendente que alguien hubiera tenido alguna duda de la superestrella del equipo de Baltimore. Su vida entera había girado alrededor de su esfuerzo por convertirse en un buen jugador de béisbol de las ligas mayores. Su padre, Cal Ripken Sr., había sido entrenador de los Orioles aun antes de que Cal Jr. naciera. Cal Jr. pasó su niñez rodeado de los jugadores y entrenadores del equipo de Baltimore.

**D**e pequeño, acompañaba con frecuencia a su padre a las prácticas de los Orioles.

"Al principio, cuando papá me preguntaba si quería ir con él al campo de béisbol, yo lo hacía porque así podía estar con él a solas durante el viaje de ida y vuelta —dijo Ripken—. Pronto comencé a disfrutar del béisbol".

Cal Jr. también comenzó a aprender el béisbol. Les pedía a las estrellas del equipo de Baltimore que le enseñaran técnicas del juego. Cuando los jugadores le aconsejaban, el joven Cal le consultaba a su padre lo que ellos le decían.

"Mi papá era siempre la última autoridad —explicó Cal Jr.— Si él me decía que la información que me había dado un jugador era correcta, entonces yo sabía que podía volver a pedirle consejos otra vez".

**C**uando Cal Jr. entró a formar parte de los Orioles en 1981, resultó imposible quitarlo de la alineación de la primera selección. Durante sus primeros años en las ligas mayores, Ripken nunca estuvo ausente en una entrada ni faltó a un juego. En 1982, lo nombraron Novato del Año de la Liga Norteamericana, después de batear veintiocho cuadrangulares y empujar noventa y tres carreras. Un año más tarde él fue aún mejor. Ripken bateó un promedio de 318 sobre mil, veintisiete cuadrangulares y empujó 102 carreras. Lo nombraron el Jugador Más Valioso de la Liga Norteamericana. Encabezados por Ripken y el jugador de primera base, Eddie Murray, los Orioles ganaron el campeonato de la Liga Norteamericana y también la Serie Mundial.

El joven Cal Ripken había llegado a ser uno de los jugadores más sobresalientes del béisbol. Pero no permitía que el éxito se le subiera a la cabeza. Cada vez que Ripken entraba en el campo, se esmeraba en mejorar. Lo hacía porque detestaba perder. En cualquier cosa detestaba perder.

"Crecí en una familia en que se competía en todo —dijo Ripken—. Lo hacíamos por divertirnos. Nos esmerábamos. Nos esforzábamos por mejorar. Si no lográbamos mejorar, no parecía divertido".

De adulto, Cal Jr. todavía se esforzaba por mejorar lo más posible en todo lo que hacía.

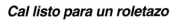

Como parte del entrenamiento de primavera, los jugadores de los Orioles deben correr durante doce minutos.

"No es necesario esforzarse mucho —dice Brady Anderson, jardinero del equipo de Baltimore—. Pero él (Ripken) sí se esfuerza. Antes de correr, se me acerca para planear cómo debemos correr la carrera".

En 1990, Anderson llegó en primer lugar en la carrera. Por esta sola vez, Ripken no ganó la carrera y no estaba contento.

"Se enfadó conmigo —dice Anderson acerca de Ripken—. Me culpaba de que yo había salido demasiado rápido y que lo había descorazonado".

El manager del equipo de Baltimore, John Bates, cuenta otra anécdota acerca de Ripken.

"**H**abían pasado dos juegos sin que Cal lograra conectar una buena jugada —recordaba Oates durante la temporada de 1991—. Por lo tanto, decidió que tenía que practicar más su bateo. Cal nunca había faltado a ninguna práctica de bateo en diez años. Esta práctica se hace, por lo general, una hora antes del juego y yo le dije a Cal que solamente viniera unos quince minutos antes del juego para practicar".

Sin embargo, Ripken llegó al comienzo de la práctica. Unos minutos después, Oates vio a Ripken y a Tim Hulett, jardinero del equipo de Baltimore, trepando por la cerca. Estaban jugando su propio juego, tratando de manotear los cuadrangulares que sus compañeros hacían durante la práctica, para que no salieran del campo de juego.

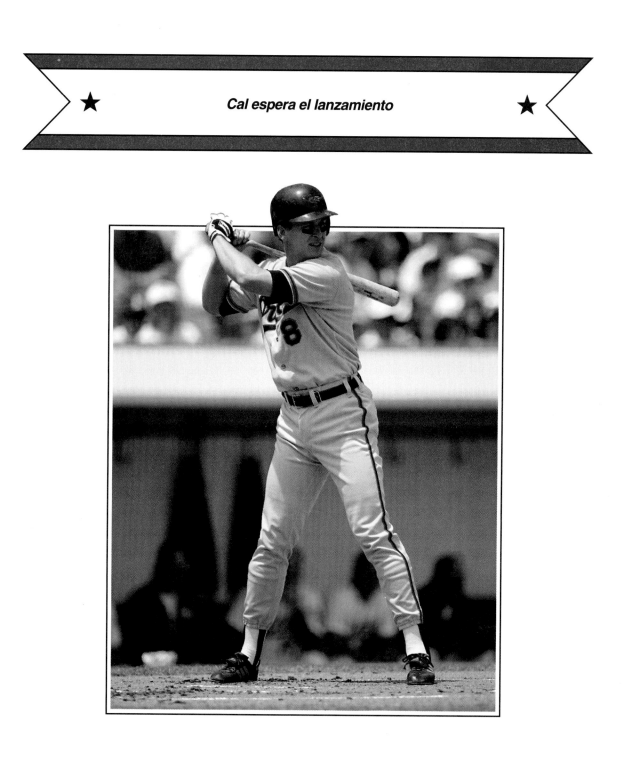

Cuando Ripken no está tratando de robarle a sus compañeros los cuadrangulares de la práctica, está jugando un juego impecable sin errores en su posición de jardinero corto. Durante toda la temporada de 1990, sólo cometió tres errores. De hecho, pasaron veinticinco juegos durante ese año sin que cometiera ningún error. Estableció, así, un récord entre los jardineros cortos. Éste es sólo uno de los muchos récords que Ripken mantiene. No cabe duda de que llegará al Palacio de la Fama del Béisbol. Pase lo que pase, Cal Ripken Jr. siempre estará poniendo su máximo esfuerzo. Es la única manera en que sabe jugar.